38
91

LA DÉMONOLOGIE

DE

JÉSUS-CHRIST

PAR

PAUL COLLET

LA DÉMONOLOGIE

DE

JÉSUS-CHRIST

THÈSE

PUBLIQUEMENT SOUTENUE

DEVANT LA FACULTÉ de THÉOLOGIE PROTESTANTE de MONTAUBAN

En Juillet 1891

PAR

PAUL COLLET

BACHELIER ÈS LETTRES

POUR OBTENIR LE GRADE DE BACHELIER EN THÉOLOGIE

MONTAUBAN

IMPRIMERIE ADMINISTRATIVE ET COMMERCIALE J. GRANIÉ

14, Avenue Gambetta, 14

—

1891

RÉPUBLIQUE FRANÇAISE

—

UNIVERSITÉ DE FRANCE

—

Académie de Toulouse

—

FACULTÉ DE THÉOLOGIE PROTESTANTE DE MONTAUBAN

Professeurs

MM.

MONOD, ✳, ◉ I., Doyen,   *Dogmatique.*
BRUSTON, ◉ I.   *Hébreu et critique de l'A. T.*
WABNITZ, ◉ I.   *Exégèse et critique du N. T.*
DOUMERGUE, ◉,   *Histoire ecclésiastique.*
LEENHARDT, ◉, prof. adjoint, *Sciences physiq. et naturelles.*
N***,   *Morale et Éloquence sacrée.*
N***,   *Philosophie.*
H. BOIS, chargé d'un cours de *Philosophie.*
MONTET, chargé d'un cours de *Grec et de Latin.*
PÉDÉZERT, ✳, ◉ I., professeur honoraire.

Examinateurs

MM. WABNITZ, ◉ I., *Président de la soutenance.*
     BRUSTON, ◉ I.,
     H. BOIS,
     DOUMERGUE, ◉.

INTRODUCTION

Il n'est pas surprenant que, de nos jours, la croyance au diable soit presque complètement étcinte et que les efforts de quelques théologiens essayant de le faire revivre ne trouvent aucun écho dans les esprits. Elle a donné lieu aux imaginations les plus fantastiques, aux erreurs les plus étranges, aux événements les plus tragiques. C'est elle, en effet, qui sert de support à toute la sorcellerie du moyen âge et qui accrédite auprès du vulgaire la science de la magie. L'ignorance est toujours avide de merveilleux et, dès qu'elle rencontre une doctrine répondant par quelque côté à ses grossières aspirations, elle s'en empare aussitôt pour y greffer les superstitions qui ont germé sous sa rugueuse écorce.

Du XII⁰ au XVI⁰ siècle, le diable joue dans toute l'Europe catholique un rôle considérable. Il n'est pas un saint qui ne l'aperçoive au moins une fois dans le cours de son existence; tous les bons chrétiens affrontent quelque jour ses méchantes lutineries ; les sorciers, les magiciens, les diseurs de bonne aventure l'évoquent à volonté et peuvent perpétrer, par son entremise, les plus incroyables maléfices. Dans les sciences, dans les arts, dans la poésie, il intervient partout; il n'est pas jusqu'au théâtre où l'on ne voie percer la figure grimaçante du grand Satanas. Effrayée du prestige de son infernal ennemi, l'Église met tout en œuvre pour le réduire au silence; elle prodigue l'eau bénite, les *Agnus Dei* et les signes de croix; elle entasse des monceaux de reliques, marmotte à satiété des patenôtres, fabrique des talismans de toute espèce, mais comme ces pratiques, terrifiant les imaginations, n'aboutissent qu'à rehausser la puissance du roi des enfers, force est au clergé de recourir aux grands moyens. Les papes et les conciles prêchent la croisade contre le diable et ses suppôts, et, dans toute la chrétienté, commence la terrible chasse aux sorciers. Alors, partout se dressent les autodafés et se produisent les plus sanglantes horreurs. Les inquisiteurs poursuivent les auteurs de sortilèges et les frappent des mêmes peines que les hérétiques. En Angleterre, en France, en Allemagne, en Italie, se consomment d'effroyables hécatombes; on trouve même, sur le registre des suppliciés, la mention d'enfants brûlés comme sorciers, entre autres une petite fille de dix ans avec sa sœur plus jeune encore. Monstruosités écœurantes qui témoignent du degré d'avilissement où croupissait l'Église à cette époque. Heureusement ces abominations, qui remplissent cette période de l'histoire, prirent fin avec la Réforme. La négation des pouvoirs surnaturels du clergé dissipa la crainte de l'esprit des simples, et, désormais, l'on ne vit plus de ces mises en scène où le prêtre, en présence d'une foule terrorisée, se battait avec le démon à coups de goupillon.

Renversé par les réformateurs du piédestal où l'avait élevé l'Église romaine, Satan devint bientôt la risée du XVIIIᵉ siècle. Voltaire et les encyclopédistes dirigèrent contre le vieux fantôme un feu roulant d'objections sarcastiques; ils le tuèrent sous le ridicule et depuis ils sont rares ceux qui croient à son existence réelle. Aujourd'hui, on ne voit plus le diable que sur les bas-reliefs des porches et des chapiteaux de quelque église romane ou en guise de gouttière à l'extrémité d'un mur de cathédrale gothique; on ne lui permet plus d'être autre chose qu'une expression symbolique consacrée par le langage religieux, et si quelques excellents chrétiens font encore profession de croire à sa personnalité, ils vivent absolument comme s'ils n'y croyaient pas.

Or, comment déplorer la décadence d'une doctrine qui, loin d'avoir une influence moralisatrice sur la vie des peuples et des individus, peut inspirer, au contraire, les préjugés les plus dangereux; comment regretter l'abandon d'une croyance qui, en atténuant en outre la responsabilité de l'homme, amoindrit par là même le sentiment de la gravité du péché? La personne de Satan pourrait encore, au besoin, servir de thème à l'imagination du peintre ou du poète, mais le philosophe et le moraliste en feront volontiers bon marché.

Quant au théologien, il ne saurait trancher aussi facilement la question, car elle se complique pour lui d'une étrange manière. La Bible, qu'il considère comme sa seule règle en matière de foi, et l'enseignement du Christ, sur lequel il fonde sa connaissance, semblent affirmer l'existence personnelle de Satan et, placé dès lors entre l'autorité de la parole du Christ d'une part, et les exigences de la raison, les leçons de l'histoire de l'autre, le croyant ne peut qu'hésiter à formuler son jugement. Jésus a-t-il réellement cru à la personnalité de Satan? Ne se serait-il pas accommodé consciemment à des notions superstitieuses, mais familières à ses auditeurs? Et, dans le cas où le Seigneur les aurait partagées de bonne foi, qu'adviendrait-il de sa sainteté? Telles sont les questions qui s'agitent dans l'esprit du chrétien quand il envisage les données du problème. Certes, nous n'avons nullement la prétention d'en avoir découvert la solution véritable; notre unique but a été de la rechercher consciencieusement à la lumière des faits, et quand même nous n'aurions convaincu personne, nous pourrons toujours nous retrancher derrière cette parole de Vinet : « A celui qui a tout fait pour s'éclairer, l'erreur est imputée comme une vérité » (1).

(1) *Méditations évangéliques.*

QUESTIONS PRÉLIMINAIRES

L'embouchure d'un fleuve est la résultante de sa source et des affluents qui le grossissent; l'épanouissement d'une doctrine est la conséquence logique de son origine et des éléments étrangers qui ont pu contribuer à son développement. De sorte que, pour comprendre les effets d'un dogme à tel moment de l'histoire, il est nécessaire de remonter jusqu'à son berceau et d'en suivre, à travers les âges, les fluctuations antérieures. Avant d'aborder l'étude de la démonologie chrétienne, il est donc indispensable de rechercher l'acte de naissance de son héros et d'en retracer la biographie avant notre ère. Mais les limites que nous nous sommes prescrites ne nous permettent pas de nous étendre longuement sur ces questions préliminaires; nous devons nous borner à une rapide esquisse.

Les théologiens n'ont pas encore fixé définitivement le lieu d'origine du diable; les uns prétendent qu'il est issu de l'ancien Hébraïsme, les autres le font naître de la religion de Zoroastre.

Pour les premiers, la Genèse représente, sous l'image du serpent séducteur, le tentateur par excellence, l'ennemi de l'homme, entrant en lutte avec lui. Par ses insinuations perfides, Satan corrompt la créature innocente, incline son esprit au péché et marque au front des générations futures, soumises aux lois de l'hérédité, les stigmates d'une flétrissure indélébile.

Les autres prennent le récit mosaïque à la lettre, prétextant qu'à l'époque reculée de sa composition le langage symbolique n'était pas encore connu. L'auteur de ce mythe, en quête d'une solution du problème du mal, mais incapable de découvrir en l'homme primitif un principe de chute, a dévolu tout naturellement le rôle de tentateur au serpent particulièrement dangereux en Orient et l'objet de l'aversion de tous. Dans la pensée du narrateur, l'être qui incita nos premiers parents à la convoitise était réellement un reptile qu'il aurait classé, au besoin, dans une espèce particulière du règne animal.

Aux commentateurs qui voient dans l'Hazazel du Lévitique (x, 8-22-26) un démon, on objecte que cette dénomination est celle d'une contrée aride et déserte, ou le nom d'une divinité égyptienne, ou mieux encore une énigme indéchiffrable.

Quant aux Sheirim, aux Lilith, aux Halouka (1), fantômes nocturnes, spectres velus à forme de bouc, peuplant les déserts et hantant les ruines, ce ne sont, pour certains critiques, que des inventions de la peur, des créations imaginaires analogues aux loups-

(1) Ésaïe xxxiv, 14; xiii, 21.

garous, aux croquemitaines des contes de fées. Les
prophètes, pour embellir leurs tableaux poétiques,
n'auraient pas dédaigné de mettre à profit ces superstitions populaires, et s'il est parlé d'anges de
punition semant les épidémies, répandant la désola-
tion et frappant de mort les transgresseurs de la loi,
il faut se garder, de l'avis des mêmes exégètes,
de les considérer comme des êtres foncièrement
mauvais et corrompus de leur nature. L'esprit men-
teur du livre des Rois (1), l'esprit qui tourmente
Saül (2), sont membres du conseil de Jéhovah. D'une
même essence que les autres, ces anges ont simplement une mission spéciale à remplir. Ce sont des
messagers, des instruments dociles dont Dieu se sert
pour appliquer les châtiments décrétés par sa justice. Le Dieu des Hébreux est l'arbitre souverain, le
dispensateur des biens et des maux, faisant remonter
jusqu'à lui les calamités qu'apportent aux humains
les exécuteurs de sa volonté suprême.

Ainsi, avant l'exil, point d'être en guerre ouverte
avec la divinité, point de puissance rivale de celle de
Jéhovah, point de dualisme. Ce n'est qu'au contact
des idées persanes, lors de la captivité de Babylone,
que se produisit la distinction de Satan d'avec les
anges fidèles. Le mazdéisme, avec son dieu du mal,
son cortège de dews infestant la terre et les airs,
ses formules sacramentelles, ses mille pratiques
d'enchantements et d'exorcismes, s'infiltra dans la
religion des vaincus et imprima un puissant essor à

(1) I Rois xxii, 18-23.
(2) I Sam. xvi, 14; xviii, 10; xix, 9.

leur démonologie encore rudimentaire. Grâce à cette influence, les Israélites éprouvèrent le besoin de remplacer les anthropomorphismes de l'antique hébraïsme par une nouvelle conception des rapports de l'homme avec la divinité ; ils cessèrent de considérer l'Éternel comme l'auteur du mal, mais, en revanche, par une réaction toute naturelle, ils substituèrent le diable au serpent de la Genèse. Du même coup, Hazazel se métamorphosa en démon et les anges de punition en mauvais génies ; l'horreur qu'inspire la sinistre besogne d'un bourreau rejaillit bien vite sur sa personne et d'autant plus rapidement que les esprits sont les jouets de leur imagination et vivent dans une atmosphère imbue d'idées superstitieuses.

Toutefois, cette transformation ne s'opéra pas en un jour ; le monothéisme rigoureux d'Israël ne pouvait s'accorder facilement avec une doctrine essentiellement dualiste ; il n'en prenait que ce qu'il en pouvait supporter et encore ne fût-ce que lentement, progressivement, presque à l'insu du peuple, que s'accentuèrent en Palestine les emprunts faits à la religion zende.

Mais ici nous nous heurtons à une grave difficulté : comment alors expliquer l'apparition de Satan dans le livre de Job (1) placé par la majorité des critiques avant la captivité ? Quelques interprètes tranchent aisément la question en supprimant l'un des termes du problème, en rajeunissant de deux siècles l'auteur de ce drame. D'autres, frappés de ce fait que, seul,

(1) C'est dans ce livre qu'on rencontre pour la première fois le nom de Satan, ch. i, 6.

le prologue mentionnait le nom de Satan, contestè-
rent l'authenticité de ce document et en fixèrent la
rédaction après l'exil. La différence de forme litté-
raire, certaines contradictions en apparence irré-
conciliables avec le corps du poème, sembleraient
confirmer cette opinion. Mais, d'autre part, la pré-
face est nécessaire à la compréhension du récit.
« Sans elle, dit Delitzsch, il ne reste qu'un torse sans
tête. » — Certes, nous n'avons nulle envie de déca-
piter une œuvre aussi grandiose; qu'on nous per-
mette seulement une réflexion : le caractère indépen-
dant du livre de Job, ses idées dépassant à chaque
instant le cercle des conceptions philosophiques des
Hébreux, ses personnages exotiques, ses descrip-
tions exactes des terres lointaines, témoignent des
nombreux voyages de l'auteur. Or, pourquoi Satan
ne serait-il pas une importation étrangère au même
titre que le crocodile ou l'hippopotame? Une telle
interprétation a sans doute le tort d'être légèrement
hypothétique, mais elle rend compte d'un fait tout
au moins étrange.

Quoi qu'il en soit, le diable juif est déjà né. Le Satan
de Job est toujours, il est vrai, le vassal de Jéhovah, as-
treint à demander un sauf-conduit pour exercer sa fu-
reur parmi les hommes ; il ne se pose pas encore en ange
rebelle, en ennemi déclaré de la divinité, mais pour tout
esprit non prévenu, il ne saurait être non plus qu'une
sorte de juge d'instruction occupant au tribunal céleste
le siège du ministère public (1). Il se présente déjà

(1) M. Nicolas, *Des doctrines religieuses des Juifs,* l'appelle « ac-
cusateur public ».

comme un être pervers et malintentionné, qui, sans raison, suspecte la fidélité d'un juste et s'obstine à le perdre. C'est dans son for intérieur qu'éclot l'idée de nuire au patriarche, c'est sa propre pensée qui élabore le plan d'attaque, et, s'il n'est pas entièrement responsable du mal qu'il fait, puisque Dieu y souscrit, il l'est du moins de tout celui qu'il désire : l'Éternel consent, mais n'ordonne pas.

Dans les Chroniques (1) et le prophète Zacharie (2), Satan a grandi sous l'influence manifeste du mazdéisme (3), et bien qu'il ne possède pas encore tous les caractères d'un vrai démon, il commence déjà à s'émanciper et à s'affranchir de la tutelle de son suzerain. Il se soustrait à l'autorité de Jéhovah pour inciter David à faire le dénombrement d'Israël, et son insubordination est si flagrante quand il attaque le grand-prêtre Josué, que l'Éternel est obligé d'intervenir pour le rappeler à l'ordre.

Les apocryphes, les pseudépigraphes et le Talmud nous offrent une démonologie beaucoup plus riche, partant plus superstitieuse. La crédulité des Juifs, devenue maladive au contact du zoroastrisme, ne pouvait plus s'accommoder du vague de la tradition hébraïque sur les mauvais esprits; il fallait percer le mystère, préciser les données ultérieures, et, l'imagination aidant, on échafauda tout un système démonique avec des inventions bizarres et des classifications d'une minutie

---

(1) Chron. xxi, 2.
(2) Zach. iii, 1.
(3) Dans les passages parallèles, le même acte de Satan est attribué à Jéhovah, preuve évidente d'une influence étrangère.

ridicule. Satan revêtit dès lors les caractères les plus
divers : il changea de nom et de costume, suivant les
milieux et les circonstances. Les Juifs d'Alexandrie,
initiés aux spéculations hellénistiques, et, par suite,
moins enclins aux préjugés vulgaires, se tinrent dans
une réserve peu compromettante. Ils firent du diable
le tentateur du jardin d'Éden (Sapience II, 24) et
assimilèrent ses suppôts aux divinités du paganisme
(Baruch VI, 7). Mais chez les Palestiniens, où rien
ne tempérait la tendance au merveilleux, le rôle de
Satan prit une extension prodigieuse. On lui attribua
toutes les passions humaines, témoin le voluptueux
Asmodée, qui s'éprend de Sara, fille de Raguël, et
étrangle successivement ses sept époux la nuit de
leurs noces (Tobit III, 8). Il devint le chef suprême
d'une légion d'êtres méchants engagés dans une
lutte à outrance avec la milice céleste. L'apocalypse
d'Hénoc, véritable musée de Titans, nous parle de la
déchéance de ces démons, de leur commerce impu-
dique avec les filles de la terre, de leur influence
néfaste dans le monde et des châtiments terribles
qui les attendent à la consommation des siècles. Ce
livre singulier compte deux cents anges rebelles,
descendus du ciel sous la conduite d'un général en
chef, Samyaza, et de dix-neuf autres capitaines.
C'est beaucoup, semble-t-il, c'est bien peu compara-
tivement aux données talmudiques. D'après le traité
Berachoth (1), l'homme est entouré de tant de démons, que, s'il les voyait, il ne pourrait subsister.
Chacun en a mille à sa gauche et dix mille à sa

(1) Fol. 6, recto.

droite; nous sentons-nous pressés dans une foule, nos genoux faiblissent-ils, nos membres nous semblent-ils brisés, c'est leur présence pernicieuse qui est l'unique cause de ces sensations et de ces malaises.

Des esprits assez crédules pour attribuer une courbature à l'influence d'un mauvais ange devaient, à plus forte raison, imputer à des démons les maladies mentales ou nerveuses qui, par leur étrangeté et l'absence de symptômes extérieurs, défiaient les explications naturelles. La folie, l'épilepsie, la rage, le mutisme, l'hystérie, la catalepsie, étaient rapportées, en effet, à l'action de génies malfaisants introduits dans l'organisme. Les malheureux atteints de telles maladies recouraient aussitôt à des incantations, à des fumigations (Tobit) ou se livraient aux mains des rabbis, seuls capables d'admonester et d'expulser le démon.

Il serait trop long de décrire les pratiques minutieuses employées par les exorcistes juifs. Il suffit de lire tel passage de Josèphe pour se convaincre de l'efficacité de ces procédés magiques. Leur extravagance est si choquante qu'on se demande parfois lequel était le plus fou de l'exorcisé ou du rabbi exorciseur.

Ces légions d'esprits méchants errent dans les régions éthérées, dans les lieux arides, dans les ruines et les cimetières; ne trouvant pas de repos, ils cherchent à envahir un organisme humain ou le corps d'un animal. Ils sont les auteurs de toute pensée séductrice, de tous les maux qui affligent l'humanité; ils lisent dans l'avenir, ils peuvent en un clin d'œil voler d'une extrémité à l'autre de la terre, ils mangent, boivent et se reproduisent à la manière des hommes.

Et c'est au milieu de ces croyances superstitieuses qu'a grandi Jésus de Nazareth; les a-t-il partagées? Mais, dira-t-on, poser la question n'est-ce pas la résoudre? Admettre un seul instant une telle aberration d'esprit chez le Fils de Dieu, n'est-ce pas lui faire injure et porter une main téméraire sur sa divine personne? Nous ne le croyons pas. Une saine critique ne doit pas partir d'un a priori ou d'une idée préconçue; son but unique est d'examiner les faits et d'en tirer les conséquences logiques indépendamment de tout système édifié d'avance sur l'inspiration des Écritures et la divinité du Christ. Une méthode qui nous obligerait à laisser notre esprit en suspens et qui forcerait notre conscience à s'imposer silence à elle-même ne saurait nous convenir. Ceci posé, nous pensons avoir le droit de nous demander si, comme ses contemporains, Jésus qui nous parle maintes fois de Satan et des démons dans les Évangiles, a cru à leur existence. L'examen des textes va nous répondre.

EXAMEN DES TEXTES

Dès le début de sa carrière, nous trouvons Jésus aux prises avec Satan dans le récit bien connu de la Tentation, rapporté par les trois synoptiques. Jésus vient de recevoir le baptême de Jean, il est sur le point d'entrer dans l'activité publique de son ministère quand « l'esprit le conduit au désert pour y être tenté par le diable ». — Après un jeûne de quarante jours et quarante nuits, il est pressé par la faim. Aussitôt le tentateur s'approche de lui et lui indique un moyen de se procurer de la nourriture. Jésus repousse ces propositions. Vaincu sur ce point, le diable change de tactique : il transporte son interlocuteur sur le faîte du Temple et cherche à le séduire de nouveau par de pieux arguments. Le Seigneur remporte une seconde victoire. Alors la scène change et nous retrouvons les acteurs de ce drame sur une haute montagne du sommet de laquelle on peut contempler tous les royaumes du monde. Là se livre le dernier assaut, le combat décisif; Satan confondu s'enfuit et les anges accourent pour servir le Messie triomphant.

L'interprétation littérale est la première qui se présente à l'esprit. Le ton du récit, ses détails circonstanciés, les situations des personnages semblent plaider fortement en sa faveur. L'adverbe τότε, les aoristes ἀνήχθη, νηστεύσας, ἐπείνασεν remplacés dans la suite par le présent de la narration et surtout la forme dialoguée qui fait ressortir l'individualité des deux interlocuteurs, impliquent, à première vue, un fait d'une réalité objective. Satan serait alors un être revêtu d'une forme corporelle, ayant la faculté de se mouvoir (προσελθών), de parler (εἶπεν) et le pouvoir de transporter Jésus à travers les airs. Avec cela, il jouirait du don d'ubiquité, il posséderait l'omniscience : il connaît le moment précis où Jésus aura besoin de manger et il cite la Bible comme un véritable rabbi.

Cette explication, si simple et si naturelle en apparence, devient insoutenable dès qu'on presse les textes et qu'on en considère la portée. Voici les raisons qui nous portent à la rejeter :

1° Nulle part ailleurs, l'Écriture ne mentionne une apparition visible de Satan, pas plus l'Ancien Testament que le Nouveau.

2° Le faîte du Temple de Jérusalem, hérissé de piques aiguës pour empêcher les oiseaux de s'y poser, était un lieu étrangement choisi pour un entretien, et la présence d'un homme sur le toit du sanctuaire eût été, aux yeux des Juifs, la plus criante des profanations.

3° La montagne du haut de laquelle on peut voir tous les royaumes de la terre n'a pas encore été découverte, et quand le même mot κόσμος désignerait la

Palestine et le terme βασιλείας les tétrarchies environnantes, la difficulté, pour être reculée, n'en subsisterait pas moins.

4° L'expression « ἐν στιγμῇ χρόνου » donne aux faits un caractère magique impossible dans de telles circonstances. Jésus aurait obéi passivement à son adversaire, parcourant à sa suite les plus grandes distances. Or, ne répugne-t-il pas au sentiment religieux de concevoir le Saint et le Juste livré à la merci du Père du mensonge?

5° Enfin et surtout, si Jésus a reconnu Satan dès l'abord, la tentation n'a plus sa raison d'être, car il est invraisemblable de supposer qu'après trente ans d'une vie sainte, alors que le bien s'était en quelque sorte cristallisé dans son âme, Jésus ait pu succomber aux assauts d'un ennemi qui se montrait à découvert; la victoire était certainement gagnée d'avance. Si, au contraire, Satan seul a reconnu Jésus, c'est bien mal augurer de sa perspicacité que de lui faire perdre son temps et sa peine à se mesurer avec le Fils de Dieu; la partie n'était pas égale. Ce dilemme nous paraît inéluctable et nous empêche de prendre le récit au pied de la lettre.

Quelques exégètes ont pensé que le tentateur était un membre du Sanhédrin venu pour offrir au Messie les services de la hiérarchie, désireuse de coopérer à l'établissement d'un royaume politique. Satan, prétend Rosenmüller, n'est pas un nom de personne, c'est un adjectif comme πειράζων et διάβολος. S'adressant un jour à Pierre, Jésus ne lui dit-il pas : « Arrière de moi, Satan ! » et ne fait-il pas usage, dans ce cas, d'une figure de langage en appliquant à un homme, bien plus, à l'un de ses apôtres, la dénomination d'adversaire et de contradicteur? Il n'est donc pas étonnant que Jésus ait employé ces termes métaphoriquement pour désigner un homme hostile à ses conceptions messianiques. — L'explication est trop ingénieuse pour être vraie, elle ne répond en rien aux données évangéliques. Il se peut que le mot « Achatan » dérive d'un verbe et puisse servir, au besoin, de métaphore, mais l'exemple de Pierre est peu probant, car, dans l'injonction de Jésus, il n'est pas possible de se méprendre sur l'identité de la personne qualifiée (l'apôtre est nommé plusieurs fois au cours du récit), tandis que dans le texte qui nous occupe rien ne montre explicitement que le tentateur soit un envoyé du Sanhédrin. Il eût été pourtant bien facile aux évangélistes de nous donner, par un simple détail ou par une allusion, quelques renseignements sur ce représentant des autorités juives; or, le silence des trois synoptiques est unanime sur ce point. D'ailleurs, cette hypothèse se heurte à une objection irréfutable : les Sanhédristes ne connaissaient pas le Messie et aucun d'eux ne pouvait être instruit des intentions de Jésus sur une œuvre qu'il n'avait pas encore commencée.

Nous ne rechercherons pas les caractères de Satan dans l'interprétation mythique de Strauss. Notre but étant d'interroger Jésus lui-même sur ses notions démonologiques, nous n'avons pas à examiner la conception du diable dans l'Église du second siècle, qui, d'après le critique allemand, aurait donné naissance à tous les récits évangéliques.

Pour éviter ce qu'il y a de choquant dans le sens

littéral, certains théologiens (1) se sont représenté
la scène du désert comme une vision. Ce serait Dieu,
selon les uns, qui aurait évoqué devant Jésus l'image
de Satan et aurait produit l'illusion nécessaire pour
rendre la lutte plus tragique et la victoire plus écla-
tante. — Jésus aurait donc été jusqu'à la fin le jouet
de ses sens abusés; il aurait pris pour une réalité le
spectre fantastique qui se dressait devant lui; il aurait triomphé d'un fantôme et c'est le Dieu trois fois
saint qui aurait permis, que dis-je? voulu une telle
fantasmagorie? Il faudrait conclure, en outre, que le
Christ avait besoin de cette grossière représentation
pour concevoir le plan de son œuvre, et cela au moment même où il venait de recevoir l'effusion du
Saint-Esprit. De telles conséquences au bout d'une
hypothèse suffisent pour la renverser.

L'auteur de la vision serait-il, au contraire, le
diable et se prévaudrait-on, pour étayer cette opinion,
de certaines expériences d'hypnotisme où l'opéra-
teur, substituant sa volonté à celle d'une autre personne, peut lui suggérer les idées les plus bizarres?
— Tout d'abord, il faudrait voir en Jésus un sujet
bien docile et dans Satan un magnétiseur assez puissant pour dominer l'esprit du Fils de Dieu. D'autre
part, une suggestion ne peut se réaliser qu'autant
que la raison a perdu son pouvoir de contrôle et que
la crédivité a été renforcée. A l'état normal, un
paralytique entendrait-il cent fois, de la bouche du
plus habile praticien, l'ordre de se lever sur son séant
que le malade ne le croirait pas et que tous ses efforts

(1) Becker, Paulus, Bertholdh, Gratz.

resteraient infructueux. Pour traduire en images extériorisées les idées suggérées par Satan, pour se voir, par exemple, sur le faîte du Temple, Jésus devait donc se trouver dans un état psychique particulier où ses sens étaient émoussés et les fonctions de ses facultés mentales suspendues dans une certaine mesure. Mais si l'on admet l'action d'un adjuvant quelconque, le sommeil naturel ou artificiel qui, en supprimant le contrôle, crée la suggestibilité, que devient l'activité morale du Seigneur? Elle est, sinon anéantie, du moins singulièrement compromise; le Christ n'est plus qu'un automate entre les mains de Satan; il sent, il pense, il fait ce qu'on lui dit de sentir, de penser et de faire; il abdique sa personnalité, ses refus d'obéissance deviennent eux-mêmes inexplicables et la tentation n'est plus qu'un mot vide de sens.

Le docteur Paulus, s'emparant d'une troisième alternative, a prétendu que la vision était la suite naturelle d'une exaltation causée par le jeûne des quarante jours. Épuisé, à bout de forces, Jésus tombe en extase et voit peu à peu les idées qui le préoccupaient précédemment se métamorphoser en êtres parlants et agissants. Pour s'autoriser à placer la scène dans l'imagination de Jésus, on a rapproché les expressions de Luc : « ἤγετο εν τῷ πνευματι » de la formule de l'Apocalypse « εγενομεν εν πνευματι ». Mais en comparant les textes sans prévention, on s'aperçoit bientôt de certaines divergences qui entravent le parallélisme (les verbes sont différents et l'article est absent dans le passage apocalyptique) et puis, quand il est question de vision ou de songe dans le Nou-

veau Testament, les textes sont toujours explicites
sur ce point. Supposons cependant que l'analogie de
style soit démontrée et que les deux expressions cor-
respondent d'une manière adéquate, nous demande-
rons alors si l'on peut être tenté en vision et, dans
le cas où la tentation serait possible, de quelle valeur
morale elle serait susceptible ?

Du reste, un état extatique produisant chez Jésus
une hallucination de la vue et de l'ouïe est incompa-
tible avec sa nature d'ordinaire si calme et si maî-
tresse d'elle-même. Luther, à la Wartbourg, jeta, il
est vrai, son encrier à la tête du diable mais quand
on connaît le tempérament ardent et passionné du
réformateur, on n'est pas surpris de le voir donner
un corps aux fictions, aux imaginations de son esprit. Enfin, les termes αχρί χαιρου, qui ferment le récit,
devraient signifier, dans cette hypothèse, que Jésus
aurait encore dans la suite de semblables visions; or,
nulle part, dans toute la carrière du Sauveur, on ne
rencontre un fait analogue.

Mais si nous refusons de faire de Jésus un vision-
naire de peur d'infirmer son caractère moral et d'at-
tenter à sa personne divine, nous adoptons, sans
arrière-pensée et en dépit de Schleiermacher, l'explication qui envisage la scène du désert comme un fait
psychologique (1). A son retour du Jourdain, Jésus
se sent décidément le Messie promis : une voix céleste, répondant aux intuitions de sa conscience, l'a
appelé « le fils bien-aimé de Dieu », et le Saint-

(1) Schleiermacher prétend que cette explication porte atteinte à la
sainteté de Jésus.

Esprit, remplissant son cœur, lui communique une force extraordinaire. Mais comment réalisera-t-il la mission que comporte son titre, de quelle manière emploiera-t-il la puissance surhumaine qu'il vient de recevoir? Telles sont les questions qui se posent impérieuses au début de sa vie publique. La réponse est d'une portée capitale, car elle va décider à la fois de sa propre destinée et de celle de l'humanité tout entière. Aussi, avant de se lancer dans la mêlée et d'entreprendre son œuvre de restauration, le Seigneur se retire au désert pour analyser ses moyens d'action, pour combiner ses plans d'attaque, et là, dans la solitude, seul à seul avec son Dieu, jeûnant et priant, il cherche le sens de sa vocation. Sera-t-il le Messie des prophètes, l'homme de douleur conduit à la boucherie comme « une brebis muette devant celui qui la tond », ou bien répondra-t-il aux espérances nationales, sera-t-il le Messie de ses compatriotes, un thaumaturge éblouissant, un roi puissant et glorieux étendant la domination d'Israël sur le monde entier et faisant de Jérusalem la capitale universelle? Ces deux conceptions messianiques s'offrent simultanément à sa pensée et s'agitent dans son esprit. Plongé dans une profonde méditation, Jésus pèse les divers possibles; indécis, anxieux, il interroge sa conscience, il compare les textes des Écritures, il crie à son Père céleste, et ce n'est qu'après quarante jours de cette lutte douloureuse qu'il parvient à découvrir la volonté de Dieu. Par trois fois, la première à l'occasion de la faim qui le presse, le Seigneur tire les dernières conséquences des idées qui l'occupent, et du choc de ces déductions volontairement outrées

jaillit l'étincelle révélatrice. Jésus prend pleine conscience de sa mission : Dieu veut qu'il souffre et qu'il
meure, il obéira coûte que coûte. Entre un royaume
terrestre et un royaume spirituel, entre l'égoïsme et
l'amour, son choix est fait, sa résolution est prise. Le
Seigneur sort vainqueur du désert, apportant aux
hommes, comme trophée de sa victoire, une couronne
d'épines et une croix ensanglantée. Et désormais qu'il
entende les hosannas d'une foule enthousiaste prête à
le proclamer roi, ou les protestations d'un apôtre se
récriant à l'ouïe de lugubres prophéties ; qu'en Gethsé-
mané la perspective d'un supplice infamant le rende
triste jusqu'à la mort, ou qu'au Calvaire il voie se
dresser le gibet de malédiction, le Sauveur ne se
départira pas un instant de sa ligne de conduite ; il
acceptera jusqu'au bout le sacrifice entrevu dans la
sombre retraite du désert.

Ainsi considérée, la tentation est une lutte morale
circonscrite à l'âme de Jésus ; tout se passe dans son
for intérieur et, dès lors, plus de voyages aériens,
plus d'entretiens impossibles, rien de ce merveilleux
qui lèse le sens religieux et se heurte aux exigences
les plus légitimes d'une saine raison. Mais, si l'événement est tout intime, que devient alors le tentateur,
l'acteur principal du drame, et pourquoi la forme
dialoguée du récit? — Ulmann, Hase, Weisse, prétendent que le diable de la tentation est la personnification du mal, le représentant symbolique des pensées
séductrices et des inspirations mauvaises qui se sont
disputé le cœur de Jésus et que le Seigneur, racon-
tant à ses disciples les péripéties de ce combat, a dû,
pour les rendre plus compréhensibles, extérioriser les

faits et leur donner la forme figurée qui nous a été transmise par les évangélistes.

Nous verrons plus loin ce que l'on peut penser de cette explication; pour le moment, nous devons répondre à une objection qu'on ne manquerait pas de nous poser.

Comment s'imaginer, dira-t-on, que Jésus-Christ, dont l'âme n'a jamais été effleurée par le péché et dont l'idéal moral n'a pas été un seul instant obscurci, ait pu songer à constituer un royaume politique et à se jeter en bas du Temple pour éprouver la fidélité de Dieu? Ces idées, issues du cœur même de Jésus, impliquent forcément un fond déjà corrompu, une conscience déjà ternie, et, à moins de faire intervenir un être extérieur, incitant son esprit au mal, il faut se résoudre à compromettre la sainteté du Seigneur. L'objection paraît sans réplique; en réalité elle repose tout entière sur une équivoque. — Sans doute, on ne peut nier que l'idée du mal, sortant d'une imagination malsaine ou éveillant des instincts illégitimes, ne soit foncièrement mauvaise, mais à l'endroit de Jésus, rien de semblable. Ce n'est pas lui, en effet, qui crée l'idée, elle existe déjà dans son esprit, il l'a reçue de son entourage, il l'a héritée du milieu où il a vécu. Or, dès qu'il veut agir, est-il surprenant qu'elle se présente à sa pensée et même qu'il en exagère les conséquences pour se convaincre plus nettement de sa fausseté? Chaque fois que nous sommes mis en demeure d'accomplir librement un acte, la conscience doit consulter la raison et réclamer de l'intelligence une représentation de toutes les déterminations possibles. Or, cette représentation des contraires est aussi

inoffensive que la peinture des objets sur la rétine.
L'idée du mal en soi n'est pas le mal; Dieu, l'Être
parfait la possède et le messianisme erroné des Juifs
pouvait trouver accès dans la pensée de Jésus indépendamment de tout mauvais penchant de son cœur. Mais
il y a plus : l'idée mauvaise ne s'est pas présentée au
Messie à l'état de simple virtualité; si l'on en croit les
évangiles, elle a exercé une action puissante sur sa
volonté; ce n'est même qu'à cette condition que, pour
nous, la scène du désert prend une sublime signification. Or, le mal agissant sur la volonté de Jésus,
serait-ce le péché? Nous ne le croyons pas.

Jésus était un Juif aimant sa patrie et souffrant du
joug de l'étranger. Ses parents avaient dû l'instruire
des vexations odieuses du tyran sanguinaire qui ré-
gnait en Palestine lors de sa naissance. Il devait connaître la fuite en Égypte, le massacre des enfants de .
Bethléhem et la série des complots régicides des
Patriotes toujours déjoués, toujours étouffés dans le
sang. Il voyait ses malheureux concitoyens attendre
anxieusement « la consolation d'Israël », l'apparition
du Messie libérateur et voici que, depuis son baptême,
Jésus sait qu'il est ce Messie, il sent en lui une force
divine qu'aucun homme n'a jamais possédée. — L'intention de délivrer une patrie opprimée et, par des
voies pacifiques, par le prestige émané de miracles
éclatants, de rassembler sous le sceptre du Fils de
David tous les peuples païens pour les amener enfin
à la connaissance du vrai Dieu, était-ce donc là une
pensée coupable et malséante? Toute l'histoire
d'Israël, au contraire, ne témoignait-elle pas haute-
ment de sa légitimité? Le mal ne s'est pas offert à la

volonté de Jésus sous sa forme la plus nue, sa conscience pure l'eût alors immédiatement repoussé et la tentation eût été une non-valeur, mais il a revêtu des attraits séduisants, il a pris un aspect qui, par certains côtés, répondait à des inclinations légitimes. Les désirs de Jésus, bons en eux-mêmes, n'étaient mauvais que par rapport à l'ensemble; il devait donc les analyser au préalable pour démêler l'erreur de tous ses dehors de vérité; de là ses hésitations, ses tâtonnements, ses incertitudes, éléments essentiels d'une tentation vraiment sérieuse. Et lorsque sa conscience a été suffisamment éclairée, qu'il s'est aperçu que les inclinations de son cœur, dans la situation donnée, étaient contraires au plan divin, sa volonté a réagi aussitôt pour les comprimer et les soumettre. Refoulée et maîtrisée par la conscience dans ses instincts les plus honnêtes, sa sensibilité a dû être vivement affectée, mais cette souffrance, si poignante fût-elle, n'implique nullement chez Jésus une propension au mal; la douleur éprouvée n'avait pour théâtre que le sentir tout passif, elle n'était pas immorale.

Donc Jésus a pu lutter contre le mal sans péché et sa victoire, chèrement achetée, n'a pas été un seul instant compromise. « Être tenté est une chose, dit Shakespeare (1), succomber en est une autre », et saint Paul n'est pas moins affirmatif quand il déclare que le Christ « a été tenté en toutes choses, *comme nous*, hormis le péché ». — Nous nous rencontrons ainsi avec le plus fin des psychologues et le plus grand des théologiens; leur autorité doit suffire.

(1) *Mesure pour mesure.*

Mais revenons à notre sujet. Nous avons vu que certains critiques symbolisaient les faits de la tentation et regardaient Satan comme l'image des pensées séductrices et des inspirations mauvaises. — De quel droit, demanderons-nous, supposer ici une figure de langage? — Dira-t-on qu'il eût été difficile à Jésus de se faire comprendre de ses disciples s'il leur eût exposé d'une manière abstraite sa lutte contre le mal et que la forme figurée était bien plus propre à frapper leur imagination et à se graver dans leur mémoire? — Mais le contraire serait bien plus vraisemblable. Le récit d'une tentation intérieure, pareille à celles dont ils faisaient tous les jours l'expérience, eût été pour eux plus intelligible que celui d'un événement merveilleux sans aucune analogie avec la vie habituelle. Le Seigneur, nous le reconnaissons, affectionnait le langage allégorique; pour illustrer sa pensée, il lui donnait volontiers une tournure imaginée, mais ses auditeurs ne s'y sont jamais trompés et l'invariable formule des évangélistes : « Il leur proposa une parabole » prouve suffisamment que Jésus avait grand soin d'obvier à toute méprise chez ses disciples touchant la forme de son enseignement. Pourquoi donc, dans les textes qui nous occupent, ne trouvons-nous pas un mot, pas le moindre indice qui puisse faire supposer chez Jésus l'emploi volontaire d'une forme figurée? L'interprétation symbolique d'un récit aussi étrange devait nécessiter cependant des éclaircissements de la part du Seigneur ou provoquer les interrogations des apôtres. Mais rien de tout cela, ni question des disciples, ni explication de leur maître; tout se passe comme si le narrateur se sentait compris de ceux qui l'écoutent, comme si les auditeurs savaient quel sens donner aux paroles de celui qui parle. Qu'est-ce à dire, sinon que Jésus n'a pas pris à l'histoire de sa vie un mélange de fiction et de vérité, mais qu'il a voulu raconter un fait d'une réalité objective? Et, d'ailleurs, si le Seigneur avait voulu personnifier le péché dans Satan, aurait-il pu lui prêter des actes réfléchis, une connaissance approfondie des Écritures et des discours habilement agencés? Le mal, si personnifié fût-il, pouvait-il le conduire dans la ville sainte, lui dire : « Je te donnerai toute la puissance du royaume du monde, car elle m'a été donnée, et je la donne à qui je veux », et enfin se retirer de lui pour un temps? Non certes, et à moins de tordre les textes, on est contraint de conclure que Jésus a cru à l'existence personnelle du diable.

Et, étant donnée cette croyance de Jésus en un Satan réel, concret, la forme du récit s'explique naturellement. Du sol du désert, la pensée du Christ se transporte sur le faîte du temple et de là au sommet d'une montagne imaginaire. A chaque halte, des désirs légitimes en eux-mêmes mais contraires à la volonté de Dieu dans le moment actuel, l'assaillent et le troublent. Jésus triomphe de ces inclinations, et, après sa victoire, quand il repasse la scène dans son esprit, il considère ses désirs comme des suggestions du diable par une conclusion de l'effet à la cause. Le Seigneur reconnaît que ses intentions sont en désaccord avec le plan de Dieu; or, tout sentiment qui s'en écarte est l'œuvre de Satan : c'est donc Satan qui l'a tenté. Tel est le syllogisme inévi-

table en tout esprit croyant à la personnalité du diable
qui a présidé à la facture de la narration. Derrière
chaque idée tentatrice, le Seigneur s'est représenté
Satan tendant ses pièges et cherchant à le séduire;
que sa pensée franchisse l'espace, c'est l'esprit mauvais qui lui sert de véhicule; qu'une voix intérieure
lui dise : « Si tu es le Fils de Dieu », c'est le tentateur
qui parle; que les conceptions messianiques juives
disparaissent de son esprit, c'est le diable qui prend
la fuite.

Ainsi, pour nous, la tentation est toute psychologique et la forme du récit est la conséquence nécessaire de la croyance de Jésus et de ses disciples à la
personnalité de Satan.

Plusieurs autres textes viennent, d'ailleurs, corroborer puissamment notre assertion. Dans Jean
(VIII, 44), Jésus déclare que le diable n'a point per-
sisté dans la vérité; n'est-ce point affirmer du même
coup, et de la façon la plus décisive, qu'à l'origine
Satan possédait l'ἀλήθεια, qu'il était un être intelligent
et libre, et que, s'il a profané sa nature, c'est en
mésusant de sa liberté? Il l'appelle, en outre, « meur-
trier dès le commencement » et « le Père du mensonge », paroles qui font manifestement allusion à
la scène du jardin d'Éden. En corrompant la créature par son mensonge, le serpent de la Genèse
attire, en effet, sur elle la mort physique. « Tu mour-
ras », dit l'Éternel à Adam déchu. Or, si Satan avait
été, dans la pensée de Jésus, la personnification du
mal au sein de l'humanité, il est de toute évidence
qu'il n'aurait pu nous le représenter comme préexis-
tant à l'homme. Une idée ne saurait exister indé-

pendamment d'un esprit capable de la concevoir, et
puisque le Seigneur assigne formellement au diable
une vie morale antérieure à l'apparition de toute
créature sur la terre, puisqu'il parle de son action
néfaste avant l'éclosion de tout mal, nous sommes
contraints, de par la logique du bon sens, de conclure
une seconde fois que Jésus a cru à la personnalité
du diable. Et, en dépit des plus subtiles logomachies,
nous ne craignons pas d'affirmer que cette conclusion
attendra toujours sa réfutation.

Ailleurs, Jésus prête au démon un pouvoir domi-
nateur sur la terre; il l'appelle, à plusieurs reprises :
« ὁ ἄρχων τοῦ κόσμου », et, en se fondant sur certains
indices, on serait même tenté de croire que le Seigneur considérait notre sphère comme la propriété
légitime de Satan, comme un fief que Dieu aurait
dévolu à cet ange avant sa chute. Quand le diable
lui dit : « Tous les royaumes du monde m'ont été
donnés et j'en dispose à mon gré », le Christ ne le
lui conteste nullement, et si, comme nous l'avons
vu, la tentation au désert était tout intérieure, ces
paroles seraient l'expression même de la pensée du
Seigneur sur la condition de Satan vis-à-vis de l'humanité primitive.

Quoi qu'il en soit, sa domination sur le monde est
un droit positif depuis que l'homme, par sa faute, est
devenu volontairement son esclave. En contrevenant
aux ordres de son Créateur, Adam a rompu les liens
de filialité qui l'unissaient à Dieu; il a déserté la
maison paternelle pour entrer au service d'un prince
étranger, et sa postérité, rivée aux chaînes que lui a
forgées son nouveau maître, est condamnée à une

servitude à la fois passive et volontaire. Aux Juifs qui complotent sa mort, Jésus dit expressément : « Votre père, c'est le diable, et vous voulez accomplir les désirs de votre père » (1). Remarquons, en passant, que Jésus, d'un bout à l'autre de son plaidoyer, oppose Satan à Dieu lui-même et qu'il lui attribue des désirs comme à un être intelligent.

Satan règne donc en maître souverain sur la terre, mais sa puissance n'est pas éternelle, car le Fils de Dieu est venu l'anéantir. « Lorsqu'un homme fort et bien armé garde sa maison, ce qu'il possède est en sûreté ; mais si un plus fort que lui survient et le dompte, il lui enlève toutes les armes dans lesquelles il se confiait et il distribue ses dépouilles » (2). Le ὁ ἰσχυρὸς est certainement Satan ; Jésus prononce ces paroles à l'occasion de certains exorcismes opérés par ses disciples. Toujours sur la défensive et confiant dans la milice dont il dispose, le diable veille avec vigilance à la conservation de son royaume ; sa suprématie s'étend sur toute créature et s'exerce parfois visiblement par l'intrusion de ses suppôts dans l'organisme des hommes. Mais voici, un champion plus fort entre en lice ; Jésus paraît, et, dans un combat singulier, dans la solitude du désert, il terrasse le grand ennemi du genre humain et le renverse de son trône. Grâce à ce coup d'état, le règne de Dieu est substitué à celui du diable ; désormais, la maison de Satan est ouverte à son vainqueur ; le Seigneur a le pouvoir d'arracher au joug de leur tyran les mal-

---

(1) Jean viii, 44.
(2) Luc xi, 21.

heureux qu'il tenait asservis, et les apôtres, à la suite
de leur Maître, peuvent parcourir les bourgs de la
Judée et de la Galilée en délivrant les possédés.

Ici encore, quelles raisons alléguer pour envisager
Satan comme le principe du mal? Jésus se compare
à un guerrier qui triomphe d'un adversaire et il
emploie, comme terme de comparaison, la même
dénomination pour lui que pour le diable. Or, de
quel droit faire de l'un une personne et de l'autre une
métaphore? Pourquoi prêter à l'ἰσχυρότερος la conscience de ses actes et la refuser à l'ἰσχυρός? On con-
viendra, tout au moins, que le parallélisme des termes
plaide fortement en notre faveur.

Mais il y a plus. La primitive Église n'a jamais
interprété dans un sens figuré le triomphe de Jésus
sur Satan. Saint Paul (1) et l'auteur de l'épître aux
Hébreux (2) affirment que la rédemption opérée par
le Christ est la suite de sa victoire sur l'ange du mal.
L'Apocalypse tout entière est pénétrée de la même
idée (3) et si nous interrogeons les docteurs des
premiers siècles, nous les voyons, pour la plupart,
préoccupés du soin de trouver au diable dépossédé
une indemnité qui lui permît de ne pas trop se
plaindre.

Origène (4) est assez explicite quand il dit :
« Si donc nous avons été rachetés à un certain prix,
nous l'avons été de quelqu'un, évidemment de celui

(1) Col. ii, 15.
(2) Hébr. ii, 14.
(3) Apoc. xii, 7-9; xix, 11; xx, 9.
(4) Origène, *In Ep. ad Romanos* ii, 13.

dont nous étions les esclaves, lequel a demandé ce qu'il a voulu pour relâcher ceux qui étaient en son pouvoir. Or, c'était le diable qui nous tenait en son pouvoir et nous avait liés par nos péchés. Il exigea donc le précieux sang de Christ pour notre rançon, et ce sang était assez précieux pour suffire à la rédemption de tous. » — Saint Augustin (1) est du même avis : « Il eût été injuste, dit-il, que le diable ne dominât pas sur celui qu'il avait conquis. — Le Fils de Dieu ayant revêtu l'homme, subjugua le diable dans l'intérêt de l'homme, ne lui extorquant rien par la violence, mais triomphant de lui par la justice. » — D'après Grégoire de Nysse (2), le Seigneur s'est offert comme une rançon assez précieuse pour déterminer le diable à laisser aller nos âmes. Sous un appât séducteur : son humanité, il cachait un aiguillon : sa divinité; Satan, alléché, mord à l'hameçon et se laisse prendre maladroitement. D'aucuns, renchérissant encore, vont jusqu'à parler de souricière où le diable aurait donné tête baissée, et, dans tout cela, Satan n'a rien à réclamer, il avait le premier trompé la créature.

Ainsi, la théologie du Nouveau Testament et celle des deux plus grands représentants de la pensée chrétienne aux premiers âges de l'Église, viennent confirmer notre opinion.

Mais si Jésus est entré en vainqueur dans la place de son ennemi, ce n'est pas à dire que l'empire de Satan soit complètement anéanti et qu'aucune âme

(1) *De lib. arb.* iii, 5.
(2) *Orat. Cat.*, ch. xxii-xxvi.

humaine ne sera plus en butte à ses perfides machi-
nations. Les exhortations réitérées que le Seigneur
adresse à ses disciples sont une preuve manifeste de
son action persistante sur l'humanité. — « Que votre
oui soit oui... ce qu'on y ajoute vient du malin » (1),
leur dit-il; il déclare dans la parabole du semeur
que celui qui enlève la semence, c'est le diable (2);
quelque temps avant sa mort, il demande encore à
son Père céleste de préserver les siens des pièges
« du méchant », et quand, irrités à l'ouïe des propos
acerbes de Jésus flagellant leur hypocrisie, les Pha-
risiens l'accusent de chasser les démons par Beelze-
bul, le Sauveur leur rétorque victorieusement leur
argumentation par ces mots : « Si Satan est divisé
contre lui-même, comment son royaume subsistera-
t-il? » (3). Le diable et son règne n'ont donc pas encore
pris fin; vaincu, le tyran se relève toujours; il trahit
encore son activité dans le monde en provoquant les
soupçons, en suscitant les doutes et les convoitises et
en établissant sa demeure dans le corps des humains.

Toutefois, sa puissance, déjà fortement ébranlée
depuis l'avènement de Jésus-Christ, ne se perpétuera
pas indéfiniment. Au jour du jugement, lorsque
chacun recevra la juste rétribution de ses œuvres,
Satan sera livré aux tourments éternels. Son verdict
est déjà prononcé (4), le lieu de son supplice est tout

---

(1) Matth. v, 37.
(2) Matth. xiii, 19 et paral.
(3) Luc xi, 18.
(4) Jean xvi, 11.

prêt, et, à la fin des siècles, il ira partager dans les
abîmes de l'enfer le triste sort de ceux qui auront
vécu sous sa maudite loi (1).

Ainsi, en ramenant à une vue d'ensemble la pensée
fragmentaire de Jésus sur le diable, nous pouvons
en dégager une véritable histoire de cet être mystérieux. Prenant pour ainsi dire Satan « aux langes »,
le Seigneur nous donne des enseignements précis
sur sa nature, sur le rôle qu'il joue dans l'humanité
et sur la fin qui lui est réservée. Il nous le dépeint
comme un agent spirituel et moral, comme une individualité capable par elle-même de prendre une
détermination et de l'exécuter, comme une cause qui
a la responsabilité de ses actes. Il nous le montre
foncièrement mauvais depuis sa chute, plein de ruse
et d'artifices, tirant le mensonge de son propre
fond (2) et accomplissant toujours le mal pour le
mal. Nous le voyons, avec une vigilance et une activité fiévreuses, disputer à Dieu l'empire des cœurs
et défendre son royaume avec un acharnement
désespéré ; enfin, nous assistons à sa ruine, à la
destruction définitive de son règne. Certes, le livre
d'Hénoc, malgré sa fatiguante prolixité, n'est pas
plus explicite et, si nous tenons compte du fait que
le Christ, dans son enseignement, ne connaît pas la
poésie des personnifications, que, nulle part, il n'a
converti en demi-dieux les vertus chrétiennes, nous
ne pouvons que répéter une fois de plus : Jésus a cru
à la personnalité du diable.

(1) Matth. xxv, 41.
(2) Jean viii, 44.

Mais il n'y a pas de pires aveugles que ceux qui
ne veulent pas voir et, malgré l'évidence des faits,
plusieurs critiques ont prétendu que Jésus n'avait
jamais nourri une telle croyance. Ils invoquent à
l'appui de leur thèse certains textes qu'ils ont soin
d'isoler pour les besoins de la cause, de la pensée
systématisée du Seigneur.

A l'ouïe du rapport que les soixante-dix disciples
font de leur tournée missionnaire, Jésus leur dit :
« Je contemplais Satan tombant du ciel comme un
éclair » (1). — Qui voudrait prendre ces mots à la
lettre, objecte-t-on ! — Évidemment, nous ne pouvons
croire que Jésus voyait le diable, soumis à la loi de
la pesanteur, tomber du ciel suivant la perpendicu-
laire ! Mais de ce qu'une proposition est exprimée
métaphoriquement, il ne s'en suit nullement que
tous les mots qui la composent soit des abstractions.
Ésaïe (xiv, 12) compare le roi de Babylone à l'étoile
du matin précipitée des cieux, peut-on inférer de là
que le roi de Babylone n'était qu'une idée ? — Jésus
veut simplement dire : « Pendant que vous chassiez
les démons, j'avais l'intuition que l'empire de leur
chef résidant dans les sphères supérieures de la voûte
céleste était démembré. » — La suite du contexte
montre clairement, d'ailleurs, que Satan n'y est pas
envisagé comme le type du mal en général. — « Je
vous donne la puissance sur les serpents et les scor-
pions », ajoute Jésus. Voudrait-on faire de ces ani-
maux malfaisants l'emblème de la ruse et de la
perfidie ? On n'a qu'à songer à la vipère de Malte

(1) Luc x, 18.

et aux croyances de l'époque pour se convaincre du littéralisme de ces termes.

Nous en dirons autant de cet autre passage : « Simon! Simon! Satan vous a réclamés afin de vous cribler comme on crible le blé » (1). — Jésus prononce cette parole après la sortie de Judas de la chambre haute, où vient d'être instituée la Cène. Le traître a pris le morceau trempé et Satan est entré en lui. Maître de l'un des douze, le diable menace les autres et surtout Pierre, l'apôtre téméraire et présomptueux. Ce récit n'est pas sans analogie avec le prologue du livre de Job, où Satan demande à Jéhovah la permission de mettre son serviteur à l'épreuve. Comme dans le poème ancien, Dieu semble avoir cédé aux requêtes du tentateur ; la prière de Jésus le fait supposer : le Seigneur semble intercéder pour que les assauts de « l'adversaire » n'aient pas de conséquences funestes. Or, pas plus que le Satan de Job, l'ennemi des disciples ne saurait typifier des pensées mauvaises. Que signifierait alors l'expression : « ὁ σατανᾶς ἐξητήσατο », qui a formulé la demande, qui a suspecté la fidélité de Pierre ? On ne pourrait le dire. Satan est isolé de tout organisme humain, il est conçu indépendamment de toute âme d'homme, il réside dans une sphère particulière ; c'est sans intermédiaire, sans médiateur, qu'il prend Dieu à partie ; lui seul entre en scène, lui seul fait la proposition. Or, un être qui pense le mal, qui prémédite des manœuvres insidieuses et qui peut jeter un défi à Dieu lui-même, est-ce autre chose qu'une individualité consciente, qu'une personnalité ?

(1) Luc xxii, 31.

La conception d'un Satan personnel ressort non
moins manifestement des mots qui terminent l'oraison
dominicale : ῥῦσαι ἡμᾶς ἀπὸ τοῦ πονηροῦ, traduits si sou-
vent à tort par : « Délivre-nous du mal. » L'adjectif
πονηρός, en effet, ne désigne nulle part, dans les
Écritures, le simple péché, la transgression acciden-
telle ou le mal physique, mais toujours la méchanceté
foncière, la perversité absolue. Dans Matthieu XII, 34,
les πονηροί sont les pécheurs incapables de s'amender
et de se convertir, les méchants dont toutes les
œuvres, sans exception, reflètent la nature entièrement viciée. Jésus les oppose à l'ἀγαθὸς du verset 35,
qui n'est pas l'homme exempt de souillure mais celui
dont les facultés morales sont orientées vers le bien.
Or, Jésus connaissait suffisamment ses apôtres pour
savoir qu'ils n'étaient pas des gens d'une nature irré-
médiablement dépravée. Que de fois n'avait-il pas
entendu leurs protestations d'amitié, leurs serments
de fidélité ! Que de fois n'avait-il pas eu la preuve
évidente de leur attachement et de leurs bonnes dis-
positions ! Dès lors, qui aurait pu, dans leur conduite,
donner lieu à cette recommandation du Seigneur :
« Priez ainsi notre Pére Céleste : délivre-nous de
corruption absolue, incurable. » Nous ne pouvons
admettre que Jésus ait eu une si pauvre opinion de
ses amis les plus dévoués. Mais ce n'est pas tout :
grammaticalement parlant, la traduction vulgaire est
injustifiable ; la formule ῥῦσαι ἡμᾶς ἀπὸ τοῦ πονηροῦ ne
prête à aucune équivoque. Si Jésus avait voulu parler
du mal inhérent à la nature humaine, il aurait dit :
ἐκ πονηροῦ et non ἀπὸ τοῦ πονηροῦ, expression qui implique l'idée d'une domination, d'une suprématie exté-

rieure à l'individu. Le Seigneur considère les hommes comme assujettis au joug d'un tyran qui leur impose ses lois et leur tend des embûches à leur insu. Dans la demande précédente, il dit en effet : « Ne nous livre pas à la tentation », et l'Écriture donne au mot « tenter » ou bien le sens de mettre l'homme à l'épreuve dans le but de fortifier sa volonté et de déterminer de plus en plus son caractère dans le bien, ou celui d'éprouver la créature avec la secrète intention de la faire succomber. Qui pourrait alors être l'auteur du πειρασμός prévu dans cette prière? Dieu ne saurait nous inciter au mal. « Il ne tente personne », déclare l'apôtre Jacques (1); il est inconcevable, d'autre part, que les disciples puissent prier leur Père céleste de leur épargner des épreuves nécessaires à leur développement spirituel. La seule alternative plausible est donc de faire provenir la tentation de l'esprit malin, toujours occupé à dresser des pièges aux fidèles; alors seulement le μὴ εἰσενέγκῃς ἡμᾶς εἰς πειρασμόν devient compréhensible.

Il n'est pas jusqu'à la parole de Jésus : « Retire-toi de moi, Satan » (2), qui ne vienne confirmer notre manière de voir. La plupart des commentateurs, il est vrai, font adresser cette invective à Pierre et interprètent dans un sens métaphorique la dénomination de Satan. Mais, à notre avis, rien de moins fondé. Est-il vraisemblable qu'au moment où l'affection de Simon pour son maître éclatait dans de touchants embrassements et dans un cri du cœur,

(1) Jacq. ɪ, 13.
(2) Marc vɪɪɪ, 33.

Jésus ait pu lui lancer une si mortifiante apostrophe,
quand, lors du reniement de son apôtre, il n'a que
des accents d'une douceur exquise pour lui reprocher
sa basse trahison? Le Seigneur n'avait certes pas
l'habitude de répondre à l'amour par l'insulte, et,
conçue à l'adresse de Pierre, l'injonction de Jésus
n'est rien moins qu'imméritée et en contradiction
formelle avec les sentiments que le divin Maître pro-
fessait pour ses disciples. Pour nous, nous croyons,
au contraire, que Jésus a été profondément touché
des démonstrations d'amitié de son apôtre et que ses
récriminations n'ont été que l'écho de sa sensibilité
trop vivement affectée se répercutant au fond de sa
conscience. Sous les étreintes affectueuses d'un dis-
ciple bien-aimé, Jésus sent de nouveau toute l'horreur des souffrances et de la mort qui l'attendent.
Son cœur saigne à la pensée que ses amis les plus
chers vont être déçus dans leurs espérances et ré-
duits à errer çà et là comme un troupeau sans
berger, mais il reconnaît en même temps que les
sentiments d'excessive tendresse éveillés dans son
âme par les baisers de Simon Pierre sont en conflit
avec la volonté divine, et, comme au désert, en vertu
de la même association d'idées, il impute à Satan
les pensées tentatrices qui le torturent. Dans les deux
circonstances, en effet, le Seigneur emploie la même
formule pour repousser le tentateur. Or, si dans un
cas tout à fait analogue le diable est conçu par
Jésus comme une volonté personnelle, pourquoi
vouloir en faire ici une métaphore, surtout en usant
d'un procédé qui non seulement est arbitraire, mais
dangereux pour la moralité du Christ?

Ainsi, en résumé, nous possédons plusieurs textes qui établissent d'une manière positive la croyance de Jésus en la personnalité de Satan; d'autre part, loin de contredire notre assertion, les passages qu'on nous oppose viennent tous les corroborer, et enfin, seule, notre interprétation peut expliquer d'une façon rationnelle l'obscur et mystérieux récit de la tentation au désert qui, de tout temps, a été l'objet des plus étranges commentaires. Est-il besoin d'autres preuves pour étayer notre thèse?

Mais si Jésus atteste l'existence personnelle de Satan, il n'est pas moins affirmatif sur celle des démons. Il les considère comme des êtres invisibles, impalpables, qui, s'ingérant dans un organisme humain, y produisent les phénomènes morbides les plus effrayants. Sous leur action, les fonctions de l'intelligence s'altèrent, le corps est saisi de spasmes, de tremblements et de secousses violentes; l'énergumène pousse des cris déchirants, il écume, il grince des dents, parfois il se jette dans l'eau ou dans le feu, ou bien il est frappé de mutisme, de cécité.

Lorsque Jésus est en présence d'un démoniaque, il interroge le malin esprit, il lui demande son nom (1), il lui ordonne de quitter le corps du patient et de se rendre dans quelque autre lieu. Il s'adresse toujours à lui comme à un être concret, réel, et ne confond jamais son individualité avec celle de la personne obsédée. Il distingue plusieurs espèces de démons (2), il leur assigne pour demeure les déserts

(1) Marc v, 9.
(2) Matth. xvii, 21.

et les steppes arides (1) et professe sur eux les mêmes
opinions eschatologiques que sur leur chef Satan (2).
Ses procédés d'exorcismes sont, il est vrai, tout différents de ceux des rabbis de son époque; c'est par
une parole autoritaire ou le simple attouchement
qu'il expulse l'esprit mauvais; mais si l'on compare
les notions démonologiques du Seigneur avec celles
de ses contemporains, on se convainc facilement de
leur parfaite identité. Au demeurant, que Jésus ait
agi et parlé comme s'il croyait à la réalité des possessions, c'est ce que nul ne peut contester, car il suffit
d'ouvrir l'un des synoptiques pour le reconnaître.
Aussi, tous les débats se concentrent-ils uniquement
sur la question de savoir qu'elle était la nature de ces
possessions.

Certains critiques pensent que l'intervention des
démons était particulière au temps du Christ et que
les maladies qu'ils provoquaient ont maintenant dis-
paru. Il était naturel, disent-ils, que la manifestation
de Dieu en chair fût accompagnée d'une activité et
d'un développement extraordinaire du pouvoir du
diable, et que Dieu, pour rendre sensible à toutes les
intelligences la victoire de son Fils sur le prince du
mal, ait permis cette action momentanée des puissances infernales. Mais pour que l'hypothèse ait un
sens, il faut que la dispensation exceptionnelle et mi-
raculeuse que l'on admet ait commencé avec la vie du
Sauveur ou peu auparavant et qu'elle ait fini avec lui
ou peu après. Or, nous voyons qu'aux âges les plus

(1) Matth. xii, 43.
(2) Matth. xxv, 41.

reculés et chez tous les peuples de l'antiquité, les maladies nerveuses étaient attribuées à l'influence des malins esprits.

Homère, dans l'*Odyssée*, parlant d'un homme en proie à une maladie violente, déclare qu'un démon cruel le tourmente (1); la plupart des philosophes grecs croient que les fous, les maniaques, doivent le délire qui les agite au mauvais caractère d'un génie intérieur. A Rome, on appelait les insensés *larvati*, parce qu'on les supposait hantés par des fantômes. L'épilepsie, l'hallucination y étaient envisagées comme des maux sacrés envoyés par une divinité vengeresse.

Sur les bords du Nil, du Gange et de l'Indus, la doctrine de la possession était généralement admise bien longtemps avant notre ère. Le dieu Khons, chez les Égyptiens, possédait le pouvoir de chasser les mauvais esprits qui désorganisaient le corps des hommes. Les Aryas rapportaient aux Rakchasas ou mauvais démons toutes les affections physiques et mentales.

Nous avons déjà vu que les Juifs, plusieurs siècles avant Jésus-Christ, professaient la même idée. Dans le livre de Tobit, la maladie qui tourmente Sara est l'œuvre du démon Asmodée. Les accès d'hydrophobie sont considérés par le Talmud comme dus à la présence d'un esprit malin, et les Juifs tenaient également les fous furieux qui se réfugiaient dans les cimetières pour des victimes du diable. — « Qui appelle-t-on fou? dit le traité Chachiga (2), celui qui

(1) *Odyssée* v, 296.
(2) Fol. iii, col. 2.

passe la nuit près des tombeaux; on dit de lui qu'un esprit impur habite dans son corps. »

D'autre part, après Jésus-Christ et durant tout le moyen âge, on voit se perpétuer la croyance aux possessions. Cyrille de Jérusalem, Minutius Félix, Chrysostôme font remonter aux esprits méchants l'origine des troubles intellectuels. Lucien se moque même plaisamment des habitants de la Palestine qui chassent les maladies à l'aide de formules d'exorcisme. « Ils s'imaginent, dit-il, que ce n'est pas le malade qui leur répond en grec et en latin, mais le diable qui s'est logé dans son corps » (1). Les légendes des saints, les ordonnances des conciles font sans cesse mention des démoniaques. Grégoire de Tours, parlant d'un malheureux qu'agitait un démon lunatique, rapporte qu'après avoir eu un vomissement de sang, le possédé était tombé sans connaissance, et il ajoute que les médecins habiles appelaient ce mal *épilepsie* (2). Nous pourrions invoquer beaucoup d'autres témoignages et citer une multitude de cas de folie et de névropathie, considérés jusqu'au siècle dernier comme les effets d'une invasion démoniaque, mais nous croyons inutile de prouver plus longuement que la tradition de l'antique croyance aux possessions n'a pas été un seul instant interrompue et que rien n'autorise à admettre, au temps de Jésus-Christ, une épidémie particulière de démons provoquant momentanément des maladies jusqu'alors inconnues. Du reste, à la simple lecture des récits

(1) *Amateur de fables.*
(2) *De miracul. S. Martini,* I, 18.

d'exorcismes opérés par Jésus, on s'aperçoit bientôt
que les possédés dont il est parlé n'étaient autre
chose que des épileptiques, des maniaques ou des
déments.

Aussi, obligés de se rendre à l'évidence, quelques
théologiens ont-ils recours à une autre hypothèse :
ils supposent que les mauvais esprits sont les causes
premières des affections mentales, bien que nous ne
voyions agir que les causes secondes et que, de nos
jours, leur pouvoir est aussi réel et les résultats de
leur activité aussi naturels qu'à l'époque de Jésus-
Christ. Ainsi pense l'Église romaine, qui exorcise à
l'occasion.

Mais une telle théorie s'évanouit devant les démonstrations des sciences médicales. Après avoir étudié
les crises d'épilepsie, d'hystérie ou de folie furieuse,
les médecins ont reconnu que chaque symptôme,
quelque désordonné qu'il parût, se manifestait à son
heure avec une ponctualité surprenante. M. Charcot,
de la Salpétrière, a montré qu'il y avait, dans l'accès
démoniaque, trois périodes bien caractérisées ; il a pu
en déterminer les phases et en classer point par point
les divers caractères. « A entendre les vociférations,
les hurlements des démoniaques, dit le Dr Richet,
à voir leurs contorsions, il semble que le hasard seul
dirige cet effroyable drame ; en réalité, tout est prévu,
réglé ; tout ce désordre marche avec la précision ma-
thématique d'une horloge bien remontée » (1).

Si le malade est la proie d'un esprit, d'où vient

(1) *Les démoniaques d'aujourd'hui (Revue des Deux-Mondes,*
1880).

qu'on puisse provoquer les crises des possédés, les prévenir, les enrayer par une simple pression sur une partie du corps, par des douches ou tel autre procédé analogue? N'est-il pas étrange qu'un démon, capable de maîtriser entièrement un homme et d'exercer en lui un déchaînement de forces surhumaines, agisse toujours à un moment fixe et obéisse avec une soumission aveugle aux manipulations d'un aliéniste?

D'ailleurs, comment concevoir un esprit se transmettant de père en fils par voie héréditaire, et que devient la liberté morale lorsqu'une légion d'êtres d'une nature, d'une intelligence, d'une volonté distinctes de celles de l'homme, a fait irruption dans son organisme? On nous répondra peut-être que l'intrusion du démon dépendait de l'état d'immoralité de l'individu? Mais alors tout le monde étant plus ou moins corrompu devrait être plus ou moins démoniaque, et nous savons d'autre part qu'il existe des fous et des épileptiques de naissance et que certaines personnes, d'une conduite irréprochable, sont parfois frappées d'aliénation mentale ou d'attaques nerveuses à la suite d'une émotion trop vive.

Certes, nous le reconnaissons, les perturbations intellectuelles sont bien faites pour surprendre, mais, eu égard aux données de la science et de la philosophie, il nous semble avéré qu'elles ne sont pas soumises aux caprices de tous les diables de l'enfer et que leurs causes sont purement physiologiques.

Mais alors Jésus aurait donc été l'objet d'une illusion; il se serait cru en lutte avec les puissances infernales lorsqu'il ne s'agissait que de rétablir l'état normal d'un cerveau malade? — C'est pour échapper à cette objection que certains théologiens ont imaginé une théorie aussi arbitraire qu'immorale. Calmet, Olshausen, Néander, Cellerier et d'autres ont prétendu que toute la démonologie de Jésus n'était qu'une accommodation aux superstitions populaires de son époque. Le Seigneur, a-t-on dit, en face des Juifs, étrangers aux abstractions, aux procédés de la logique et aux spéculations métaphysiques, devait adapter ses actes et son langage à leur crédule ignorance et faire, pour un temps, des concessions aux erreurs vulgaires.

Mais d'abord les faits contredisent cette opinion. Plusieurs fois Jésus a parlé de Satan et des démons sans que les circonstances l'y obligeassent. C'est librement et de front que dans Jean viii, 44, il donne un enseignement sur le diable et que, dans plusieurs passages déjà cités, il décrit son action sur le monde. Quand, en tête à tête avec ses disciples, il leur dit : « Cette espèce de démons ne sort que par le jeûne et la prière » (1), lorsque, devant les docteurs de la loi, il expose *ex abrupto* et d'une façon toute théorique les agissements des mauvais esprits (2), peut-on parler de condescendance et d'accommodation? — Le texte de Luc x, 18-21 est, du reste, si décisif sur ce point que Paulus, d'ordinaire si soucieux de prêter au Seigneur et aux apôtres nos idées modernes, est obligé d'avouer que le Christ a admis de véritables possessions démoniaques. — « Car, dit avec raison ce critique, comme Jésus ne s'adresse ici ni aux malades,

(1) Matth. xvii, 21.
(2) Matth. xii, 43.

k — 4

ni au peuple, mais à ceux qui eux-mêmes guérissaient sous sa direction de semblables maladies, il n'est plus possible, par un simple accommodement aux idées de son temps, d'expliquer son langage quand, accueillant ses disciples à leur retour, il leur confirme que les démons leur sont soumis » (1).

Mais surtout cette hypothèse infirme, de la façon la plus grave, la sainteté de Jésus. Eh quoi! le Seigneur aurait eu pleine conscience de la fausseté des croyances démonologiques de ses contemporains, il aurait été convaincu que cette erreur n'avait pris naissance que dans l'imagination d'un peuple craintif, et il ne l'aurait pas combattue, que dis-je, il l'aurait accréditée par ses paroles et par ses actes et il l'aurait renvoyée à ses disciples revêtue d'une sainte autorité! En vérité, la conscience se révolte à l'ouïe de pareilles affirmations. Les Évangiles ne nous ont pas appris à voir le Sauveur recourir à l'artifice et déguiser sa pensée sous des voiles trompeurs. — « Il y a dans le système de l'accommodation quelque chose de si bassement faux qu'on a peine à croire qu'il soit soutenu par un honnête homme », écrit M. L. Bonnet dans une réponse à Schérer. Aussi, avec lui, nous le repoussons de toute la force de notre foi.

(1) *Exeg*. Handb., 2, S. 566.

CONCLUSION

————

Alors que conclure? En examinant les faits avec la ferme intention de les prendre dans leur signification authentique, nous avons été conduit à affirmer que Jésus croyait à la personnalité du diable, à l'existence réelle des démons et qu'il n'avait pu conformer son langage à celui de son époque pour exprimer une idée qu'il savait être fausse.

Nous avons vu, d'autre part, que les notions démonologiques juives étaient des produits d'importation étrangère, qu'elles avaient cours avant, pendant et après la vie du Christ, et que les malades qu'exorcisait le Seigneur étaient des aliénés, des épileptiques en tout semblables à ceux que l'on traite aujourd'hui à la Salpêtrière. Avec cela nous avons essayé de donner un sens à la tentation au désert et nous avons acquis la conviction que l'interprétation psychologique était la seule possible et vraiment acceptable, par conséquent, que le Christ avait été tenté en toutes choses *comme nous*. Cela posé, si nous considérons que la croyance au diable n'a aucune connexion avec notre vie et notre conscience, qu'elle ne se recommande ni par son utilité morale, ni par ses conséquences philosophiques, nous n'avons d'autre alternative que de conclure que Jésus-Christ a partagé de bonne foi un préjugé de son époque. Et pourquoi ne l'avouerions-nous pas, qu'y a-t-il là de si indigne du Sauveur? Jésus, en revêtant notre nature, en a accepté les infirmités physiques ; tout le monde est d'accord sur ce point ; pourquoi lui interdire d'en accepter les conditions intellectuelles? Être fini, son intelligence ne pouvait être infinie. « Il y en a qui disent, déclare Calvin, qu'il n'y a point eu d'ignorance en Jésus-Christ, parce qu'ignorance est vice. Mais encore ceux-ci se fondent sur un principe faux et frivole » (1).

Or le préjugé est le corollaire nécessaire de l'ignorance. Si Galilée n'avait pas découvert les lois de la gravitation universelle, nous croirions peut-être encore que le soleil tourne autour de la terre ; si, d'autre part, au lieu de se livrer à des recherches, à des calculs sans fin sur notre système planétaire, le savant astronome, répondant aux désirs de sa famille, s'était adonné à l'étude de la musique ou de la peinture, il est certain qu'il aurait lui aussi partagé l'erreur vulgaire ; et pourtant, pas plus que nous ne songeons à incriminer la superstition de nos ancêtres, la postérité, plus éclairée, ne pourrait reprocher à Galilée une illusion qu'il n'aurait eu ni l'intention ni le temps de dissiper.

De même, si Jésus était venu sur la terre nous

---

(1) *Comm. sur l'harmonie évangélique*, Luc ii, 40.

initier aux spéculations métaphysiques, nous ensei-
gner la médecine ou l'histoire naturelle, nous aurions
le droit de réclamer de lui des connaissances spéciales
en ces matières. Mais tout autre était l'objet de sa
mission. Le Christ n'avait qu'un but : la régénération
des âmes, le salut de l'humanité ; c'était là son idée,
absolument sienne, sa conception essentiellement
originale et personnelle. Sur ce point, pas la plus
légère obscurité, pas l'ombre d'un nuage, mais la
lumière dans toute sa plénitude, dans tout son éclat.
Et possédant la parfaite conscience de son œuvre,
rien ne peut entraver la marche du Sauveur ; il
s'avance hardiment au combat, se frayant un passage
à travers les rêveries matérialistes d'un peuple aux
abois, sapant les fausses traditions des légistes, faisant
voler en éclats tout l'appareil formaliste d'un phari-
saïsme prétentieux et établissant sur leurs ruines le
culte en esprit et en vérité. Mais quand le Seigneur,
pour réaliser son plan, parlait aux foules de conver-
sion, de pardon, de rétribution future, d'amour de
Dieu et du prochain ; quand d'un seul mot il pouvait
guérir les maladies incurables et rendre la raison aux
insensés en délire, avait-il donc besoin de connaître
les lois de la physiologie pathologique et de soumettre
à un examen critique les notions démonologiques de
ses contemporains?

Mais encore, quel était le but de Christ ? Divin
réformateur, il voulait changer les conditions de la
vie humaine, substituer l'amour à l'égoïsme et
déplacer ainsi l'axe du monde moral et celui du
monde religieux. Pour accomplir cette œuvre gigan-
tesque, dont la seule conception confond l'intelligence

et dépasse toute imagination, il fallait défricher les
consciences et préparer les cœurs, il fallait briser les
orgueils de la raison et surmonter des préjugés ancrés
par les siècles, il fallait compter avec les circonstances, avec les partis, les factions, les antipathies et
les haines des hommes, et enfin, au milieu de ces
résistances, de ces répulsions, de ces difficultés sans
nombre, jeter en trois ans les fondements d'un édifice
aussi vaste que l'humanité. Or, en face d'une telle
perspective, Jésus avait-il le temps de sonder les
mystères de la satanalogie et d'étudier les causes de
la folie ou des attaques épileptiformes? Pour notre
part, nous croyons que le Seigneur, trouvant dans
son entourage une doctrine universellement répandue
et constituée de toutes pièces, l'a acceptée telle quelle,
sans l'examiner ni l'approfondir; elle n'appartenait
pas au domaine de ses réflexions particulières. Aussi,
juger le Christ d'après ses conceptions démonologiques, c'est vouloir le juger d'après les superstitions
de son temps.

Une telle conclusion lèsera peut-être plus d'une
conscience chrétienne. Montrer le Seigneur prenant
sa place dans l'humanité comme toute autre créature
et arrivant progressivement à la conscience de sa
mission, faire de Jésus un être ignorant certaines
choses, se soumettant à nos faiblesses, à nos infirmités, à nos tentations, n'est-ce pas méconnaître sa
divinité et obscurcir l'éclat de sa grandeur morale?
— « Si le Christ n'est pas semblable à nous, il n'est
pas à nous », répond M. de Pressensé, là où nous
chercherons le chef d'une humanité nouvelle, nous
n'aurons plus qu'un être de raison digne des inven-

tions gnostiques » (1), Non, la figure glacée du Christ du dogme ne saurait nous satisfaire; il nous faut un Maître vivant, humain, qui ait participé à toutes nos misères et vécu de notre vie, c'est-à-dire le Christ de l'histoire.

(1) *Jésus-Christ, son temps, sa vie, son œuvre*, p. 314.

THÈSES

I

Le dogme de l'existence du diable n'explique pas le problème du mal, il le complique.

II

Jésus à sa venue sur la terre ne possédait aucun des attributs exclusivement divins.

III

De l'innocence native, Jésus est parvenu à la sainteté parfaite. Second Adam, il était peccable, mais il a su vaincre le péché.

IV

De Dieu-homme, Jésus est devenu homme-Dieu.

V

Le dogme qui affirme deux natures distinctes en Christ n'est pas scripturaire.

k

VI

La foi d'autorité est nécessaire; la foi de conscience ne l'est pas moins.

Vu par le Président de la soutenance :

Montauban, le 10 juin 1891.

A. WABNITZ.

Vu par l'assesseur du Doyen :

Jean MONOD.

Vu et permis d'imprimer :

Toulouse, le 17 juin 1891.

Le Recteur,

Cl. PERROUD.

2 3